10 Juin 1886.

V

Vente du Jeudi 10 Juin 1886

HOTEL DROUOT, SALLE N° 9

TABLEAUX

ANCIENS ET MODERNES

AQUARELLES ET DESSINS

EXPOSITION PUBLIQUE

LE MERCREDI 9 JUIN 1886

De une heure à cinq heures

COMMISSAIRE-PRISEUR

Me PAUL CHEVALLIER

10, rue Grange-Batelière.

EXPERT

M. E. FÉRAL, peintre,

Faubourg-Montmartre, 54

IMPRIMERIE PILLET ET DUMOULIN
RUE DES GRANDS-AUGUSTINS, 5, A PARIS.

TABLEAUX

ANCIENS ET MODERNES

CATALOGUE

DE

TABLEAUX ANCIENS

PAR

BOUCHER, BREUGHEL, CASANOVA, DE HEEM,
DUPLESSIS, EISEN, VAN GOYEN, GREUZE, HOREMANS,
CLAUDE LORRAIN, POELENBOURG,
RUYSDAEL, AD. VAN DE VELDE, J. VERNET, ETC.

TABLEAUX MODERNES

PAR

CH. JACQUE, PERBOYRE, SAINT-PIERRE, ZIEM,
HOWKINS, ETC.

DONT LA VENTE AURA LIEU

HOTEL DROUOT SALLE, N° 9

Le Jeudi 10 Juin 1886, à 2 h. 1/2.

COMMISSAIRE-PRISEUR	EXPERT
Me PAUL CHEVALLIER	M. E. FÉRAL, peintre
10, rue de la Grange-Batelière.	54, Faubourg-Montmartre.

Chez lesquels se trouve le présent Catalogue.

EXPOSITION PUBLIQUE : Le Mercredi 9 Juin 1886,
De une heure à cinq heures.

CONDITIONS DE LA VENTE

La vente sera faite au comptant.

Les acquéreurs payeront *cinq pour cent* en sus des enchères applicables aux frais.

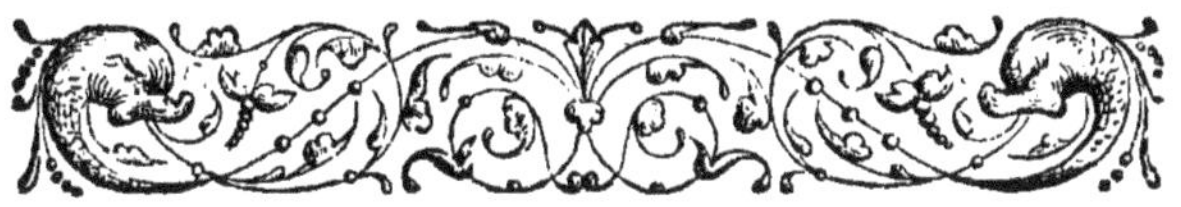

DÉSIGNATION

TABLEAUX

ANCIENS ET MODERNES

AKEN (Jérome van)

1 — *L'Adoration des bergers.*

Composition de sept figures groupées autour de l'enfant Jésus. Fond d'architecture. Çà et là quelques traces de dorure.

Le sujet a été reproduit en gravure par Collaërt. Un exemplaire de ladite gravure est collé au revers du panneau.

Venant de la collection de Mme veuve G.-J. Schouten, d'Amsterdam, vendue le 14 octobre 1884.

Bois. Haut., 18 cent.; larg., 15 cent.

BÉJARANO (1864)

(DEUX PENDANTS)

2 — *Le Marchand de pastèques.*

Ouvriers catalans causant dans la campagne.

Toiles. Haut., 1 m. 03 c., larg., 1 m. 34 cent.

BERGHEM (genre de N.)

3 — *Bergers conduisant leurs bestiaux.*

Bois. Haut., 32 cent. larg., 27 cent.

BOUCHER (François)

4 — *La Vierge et l'Enfant Jésus.*

La Vierge assise, la tête de profil, vêtue d'une robe rouge avec manteau bleu, tient l'Enfant dans ses bras. Un mouton est couché près d'elle.

Jolie esquisse.

Toile. Haut., 24 cent.; larg., 29 cent.

BREUGHEL (Pierre)

5 — *Noce flamande.*

Importante composition sur cuivre.

Haut., 35 cent.; larg., 43 cent.

CASANOVA

6 — *Le Repas champêtre.*

Des chasseurs et plusieurs jeunes dames ont fait halte auprès d'une fontaine; les uns, assis, prennent leur repas; les autres, debout ou montés sur leurs chevaux, se disposent à partir, suivis de leurs chiens.

Bon et gracieux tableau.

Toile. Haut., 63 cent.; larg., 52 cent.

CASANOVA

(DEUX PENDANTS)

7 — *Paysages avec rochers et personnages au bord d'un lac.*

Bois. Haut. 20 cent.; larg., 25 cent.

CERQUOZZI (dit le Michel-Ange des batailles)

8 — *Fruits et Légumes.*

Des pêches, des prunes violettes, des amandes vertes, des asperges, des champignons posés à terre, auprès d'un panier de cerises.

Toile. Haut., 90 cent.; larg , 1 m. 15 cent.

CERQUOZZI (dit le Michel-Ange des batailles)

9 — *Fleurs et Fruits.*

Des poires, des grenades, des fraises, des prunes et autres fruits sur une table de pierre, auprès d'un vase contenant des fleurs.

Toile. Haut., 95 cent.; larg., 1 m. 82 cent.

CRANACH (Lucas Sunder, dit)

10 — *Le Vieillard et la Courtisane.*

Signé sur la gauche du dragon ailé.

Bois. Haut., 74 cent. larg., 49 cen.

DECAMPS (genre de)

11 — *Gibier attaché à un arbre.*

Toile. Haut., 90 cent., larg., 72 cent.

DE HEEM (Corneille)

12 — *Fruits.*

Un citron a demi pelé sur un plat d'argent contenant une montre; des grappes de raisin, des pêches, des abricots sur une console de marbre, en partie couverte d'une étoffe bleue. Un verre cylindrique rempli de vin. Dans le fond, un verre de Venise, à ailerons, posé sur une boîte ronde.

Toile. Haut., 65 cent.; larg., 60 cent.

DE HEEM (Corneille)

13 — *Fruits et Fleurs.*

Sur un appui en pierre sont groupés: deux oranges et un citron presque entièrement pelé, des grappes de raisins, des nèfles, des marrons dans leurs coques, et çà et là, parmi le groupe, quelques petites fleurs, des fraises, des mûres, etc.

*

Signé en bas, à droite, sur la pierre : C. de Heem.

Tableau venant de la collection Mathieu Neven, de Cologne, vendue en mars 1879.

Bois. Haut., 42 cent larg., 34 cent.

DE HEEM (Corneille)

14 — *Fleurs et Fruits.*

Des fleurs et des fruits posés à terre dans un désordre pittoresque. Quelques roses, des œillets, des chrysanthèmes, des volubilis, une branche d'oranger, une grenade ouverte, une orange, des champignons, une nèfle et des cerises.

Signé en haut, à droite, C. de Heem.

Tableau venant de la collection Mathieu Neven.

Toile. Haut., 42 cent. larg., 34 cent.

DE HEEM (Corneille)

15 — *Fruits sur une table.*

Des raisins, des pêches, des abricots, un citron entamé dans un plat d'argent, le tout sur une table de marbre en partie couverte d'un tapis de soie bleue.

Toile. Haut., 63 cent.; larg., 58 cent.

DESHAYES

16 — *Jeune Femme couchée et vue de dos.*

Toile ovale. Haut., 64 cent.; larg., 88 cent.

DROUAIS (attribué à)

17 — *Portrait d'Enfant.*

Un jeune enfant, de grandeur naturelle, tient des fleurs de la main gauche.

Toile ovale. Haut., 53 cent.; larg., 40 cent.

DUPLESSIS

(DEUX PENDANTS)

18 — *Armée en marche et campement militaire.*

Bois. Haut., 24 cent.; larg., 32 cent.

EISEN (Charles)

19 — *Le Coucher de Vénus.*

Elle est debout, et nue au pied d'un lit, la main gauche appuyée sur une glace posée devant elle. La main droite retient pudiquement un dernier voile qu'un petit Amour semble lui arracher. Plusieurs autres Amours la contemplent ou l'assistent dans sa toilette.

Toile. Haut., 40 cent.; larg., 32 cent.

FALENS (van)

20 — *Chasseurs poursuivant un cerf.*

Fin petit tableau, rappelant les œuvres de Wouverman.

Cuivre. Haut., 23 cent.; larg., 32 cent.

GRIEF (Anton)

(DEUX PENDANTS)

21 — *Chiens gardant du gibier.*

Bois. Haut., 37 cent.; larg., 47 cent.

GOYEN (Jean van)

22 — *Les Chaumières.*

Elles se trouvent sur un monticule sablonneux entourées de quelques arbres ; à droite, des paysans coupent un arbre jeté sur le sol.

Devant, un chemin sinueux.

ois. Haut., 28 cent , larg., 50 cent.

GOYEN (École de Jean van)

23 — *Vue d'un canal.*

Des barques naviguant sur un canal ; à droite, plusieurs maisons sur la jetée sont éclairées par un rayon de soleil.

Signé et daté 1637.

Tableau venant de la collection Mathieu Neven, de Cologne.

Bois. Haut., 41 cent.; larg., 60 cent

GREUZE (attribué à)

24 — *La Confidence.*

Composition de trois figures provenant de la collection du prince de Vallory.

Toile. Haut., 1 m. 20 cent.; larg., 93 cent.

HALS (genre de Frans)

25 — *La Leçon de chant.*

Une bonne femme tient un chat, tandis qu'un jeune garçon, assis, lui pince la queue.

A droite, un homme joue du flageolet; un quatrième personnage, à gauche, a laissé sa pipe et siffle avec les lèvres.

Signé du monogramme sur le dossier de la chaise en bas, à droite.

Bois. Haut., 54 cent.; larg., 44 cent.

HEEMSKERK

26 — *Intérieur villageois.*

Des hommes boivent, fument et chantent, groupés au tour d'un tonneau et éclairés par une fenêtre placée sur la gauche.

Bois. Haut., 35 cent.; larg., 27 cent.

HONTHORST (Gérard)

27 — *La Jeune Femme aux colombes.*

Toile. Haut., 85 cent.; larg., 70 cent.

HOOCH (attribué à P. DE)

28 — *La Missive.*

Assise à une table sur laquelle est posée la cage d'un perroquet, une dame hollandaise, en corsage de satin rose et jupe écarlate, trempe un biscuit dans un verre de vin. Un homme, debout, le chapeau à la main, lui présente une lettre. Une fenêtre ouverte laisse pénétrer un rayon de soleil qui illumine la tenture en cuir de Cordoue tapissant la pièce. — A droite, une porte donne accès sur un parc.

Toile. Haut., 58 cent.; larg., 52 cent.

HOREMANS (JEAN)

29 — *Intérieur flamand.*

Quatre personnages sont réunis devant la cheminée dans un intérieur rustique.

Un d'eux paraît avoir bu dans le verre que la cabaretière tient à la main droite.

Il déguste son vin avec un air de connaisseur, tandis que les autres attendent son opinion.

Signé en bas, à droite: J. Horemans.

Venant de la collection de Mme veuve G. J. Schouten.

Haut., 39 cent.; larg., 31 cent.

HOREMANS (Jean)

30 — *La Fileuse. — Intérieur.*

La mère est à son rouet, bavardant avec une commère et un visiteur ; sur le devant, le bébé dans une chaise percée. Un cinquième personnage, au fond, fumant la pipe.

Signé en bas, à droite.

Venant de la collection de Mme veuve G.-J. Schouten, d'Amsterdam, vendue le 14 octobre 1884.

Haut., 39 cent.; larg., 31 cent.

HUYHTENBURGH

31 — *Combat de cavaliers auprès d'une forteresse.*

Bois. Haut., 90 cent.; larg., 1 m. 50 cent.

HUGSMANS DE MALINES

32 — *Paysage avec terrains éboulés.*

Bois. Haut., 21 cent.; larg., 26 cent.

JACKSON (P.)

33 — *La Confidence.*

Toile. Haut., 20 cent.; larg. 15 cent.

JACQUE (Charles)

34 — *La Rentrée du troupeau.*

Dans une cour de ferme, dont les murs sont vivement éclairés par le soleil, des moutons se pressent pour rentrer à la bergerie, la fermière les regarde debout et tricotant sur la porte de son logis, ayant près d'elle le chien berger.

Signé à droite.

Bois. Haut., 24 cent.; larg., 32 cent.

LANCRET (genre de)

35 — ***Réunion de jeunes femmes sur le bord d'un cours d'eau, bordé d'arbres, et dont la partie supérieure est occupée par un moulin.***

Toile. Haut., 53 cent.; larg. 60 cent.

LARGILLIÈRE (Nicolas de)

36 — *Le Repos de la Sainte-Famille.*

La Vierge est assise auprès d'un arbre tenant l'Enfant sur ses genoux; saint Joseph, dans la pénombre, se détachant sur un ciel lumineux, est debout auprès d'elle; au-dessus, trois têtes de chérubins.

Jolie esquisse d'une couleur brillante.

Toile cintrée du haut. Haut., 32 cent.; larg., 22 cent.

LORRAIN (Claude Gelée, dit le)

37 — *La Fuite en Égypte.*

Guidée par deux anges, la sainte famille voyage dans une campagne plantée de grands arbres. Une éclaircie, à droite, laisse voir une rivière traversée par un pont à trois arches et un lointain de montagnes azurées sous un ciel empourpré par le couchant.

En bas, on distingue les traces de la signature et la date 1647.

Toile. Haut., 34 cent.; larg., 40 cent.

MACHY (DE)

38 — *Monuments en ruine.*

Au premier plan, une nappe d'eau où des bergers ont conduit des bestiaux pour les désaltérer.

Bon tableau de forme ovale.

Toile. Haut., 64 cent.; larg., 53 cent.

MAXIMIN

39 — *Moutons au pâturage.*

Toile. Haut., 64 cent.; larg., 53 cent.

MAZZOLINI (dit le Ferrarèze)

40 — *La Circoncision.*

Au centre, le grand prêtre, assis sur une estrade, tient l'enfant Jésus sur ses genoux. Deux prêtres à ses côtés se préparent à l'assister. Autour d'eux, nombreuse assemblée de docteurs et personnages en riches costumes. A droite, dans le groupe, on distingue saint Joseph et Marie dans l'attitude de l'adoration.

Fond d'architecture.

Tableau d'une conservation parfaite.

Bois. Haut., 31 cent., larg., 23 cent.

MEER DE DELFT (attribué à VAN DER)

41 — *Intérieur hollandais.*

Au centre, une femme assise, tenant sur ses genoux une petite fille à qui elle donne la bouillie ; à droite, une couverture rayée jaune et bleue posée sur le dossier du berceau en osier. Sur le devant, un chat accroupi. Vers le fond, un tisserand faisant marcher son métier ; sur la gauche, une porte et des fenêtres laissant pénétrer le soleil ; bel effet de lumière.

Bon et intéressant tableau, d'une exécution franche et harmonieuse.

Bois. Haut., 38 cent.; larg., 32 cent.

MIGNARD

42 — *Portrait de femme, corsage décolleté, collier de perles au cou, cheveux tombant en boucles sur les épaules.*

Toile ovale. Haut., 60 cent.; larg., 48 cent.

PERBOYRE

43 — *Trompette de hussards à cheval.*

Bois. Haut., 22 cent.; larg., 16 cent.

PHILIPPON (G.)

44 — *Pâturage à Douarnenez (Finistère).*

Esquisse.

Toile. Haut., 31 cent. larg., 40 cent.

POELENBURG (Corneille)

45 — *Diane et ses nymphes.*

La déesse est debout, au centre, entourée de ses compagnes; au second plan, des rochers couverts d'arbustes au-dessus desquels s'élève une construction en ruine.

Joli tableau de l'artiste.

Haut., 32 cent.; larg., 25 cent.

RAPHAEL (attribué à)

46 — *La Résurrection.*

Au centre de la composition, le Christ est debout sur le tombeau, tenant d'une main l'étendard crucifère, de l'autre, il indique le ciel. Trois soldats, assis par terre, sont endormis; un quatrième s'enfuit en levant les bras.

Fond de paysage accidenté et planté de palmiers.

Cette peinture, dans le style de Pérugin et de Pinturrichio, offre une grande analogie avec les œuvres de la première manière de Raphaël, à qui elle est attribuée.

Bois. Haut., 46 cent.; larg., 41 cent.

ROTTENHAMMER

47 — *Le Combat de la mort.*

Cuivre. Haut., 32 cent.; larg., 45 cent.

RUBENS (P.-P.)

48 — *Tête de Vieillard.*

Cheveux blancs couverts d'une calotte. Longue barbe blanche.

Fond de ciel.

Fragment d'un tableau de Rubens.

Bois. Haut., 30 cent.; larg., 22 cent.

RUYSDAEL (Salomon)

49 — *Vue de Hollande.*

Une rivière et quelques personnages dans un bateau; au second plan, à droite, des constructions avec une tour carrée; au fond, divers bateaux à voiles.

Tableau de forme ovale, peint sur bois. Signé du monogramme à droite sur une muraille.

Bois. Haut., 39 cent.; larg., 53 cent.

SAINT-PIERRE

50 — *La Nymphe endormie.*

Elle dort, étendue au bord d'un ruisseau; au second plan, un jeune homme, en partie caché par le feuillage, semble l'admirer.

Signé avec cette dédicace : « Offert à M. de Lapommeraye par G. Saint-Pierre, 1867. »

Toile. Haut., 22 cent.; larg., 37 cent.

SEGHERS (Daniel) et François FRANCK

51 — *La Vierge et l'Enfant.*

Une couronne de fleurs entourant un médaillon représentant la Vierge tenant l'enfant Jésus sur ses genoux. Deux anges couronnent la Vierge.

Cuivre. Haut., 38 cent.; larg., 30 cent.

SLINGELAND (Pierre van)

52 — *Vanitas.*

Un crâne, plusieurs livres, un bougeoir à chandelle éteinte, et un papier avec l'inscription : *Vanitas, vanitatum,* etc., sont posés sur une table couverte d'un tapis rouge, le tout éclairé par un rayon de soleil.

Venant de la collection de Mme Ve G.-J. Schouten, d'Amsterdam.

Bois. Haut., 14 1/2 cent; larg., 19 cent.

STROZZI (dit il Capucino)

53 — *Portrait de jeune dame.*

Vue jusqu'à la ceinture, les cheveux châtains bouclés, robe décolletée garnie de dentelles.

Toile. Haut. 65 cent.; larg., 53 cent.

TOURNIÈRES (Robert)

54 — *L'Amateur de gravures.*

Effet de lumière.

Bois. Haut., 44 cent.; larg., 36 cent.

VAN LOO (attribué à Carle)

55 — *La Sultane.*

Elle est de grandeur naturelle, vue de face, coiffée d'un turban et vêtue d'une robe en velours rouge à broderies d'or.

Au second plan, une camériste.

Signé Carle Van Loo.

Toile. Haut., 1 m. 40 cent.; larg., 1 m. 02 cent.

VELDE (Adrien van de)

56 — *Le Christ au roseau.*

Les mains attachées, le corps enveloppé d'un manteau violet, Jésus est assis dans le prétoire, au pied d'une colonne cannelée. Un bourreau portant un casque, une cuirasse et des gantelets, lui enfonce sur la tête une couronne d'épines. Deux hommes se prosternent dérisoirement à ses pieds; l'un, vêtu de rouge, lui présente une tige de roseau. A droite et à gauche, dans le fond de la pièce, groupe d'hommes d'armes et de gens du peuple.

Tableau d'une exécution franche et harmonieuse.

Signé sur une marche: A. van de Velde, 1664.

Toile. Haut., 31 cent.; larg., 41 cent.

VERKOLIE

57 — *Joseph et Putiphar.*

Bois. Haut., 63 cent.; larg., 54 cent.

VERNET (JOSEPH)

58 — *Le Soleil couchant.*

Marine très importante. Au premier plan, pêcheurs tirant leurs filets; au second plan, la mer illuminée par le soleil couchant; à droite, une colline couronnée d'une église; au fond, paysage et le soleil sur l'horizon.

Tonalité chaude et vaporeuse; conservation parfaite.

Toile. Haut., 1 m. 28 cent.; larg., 93 cent.

VERNET (Joseph)

59 — *Port de mer.*

Soleil couchant.

WOUWERMAN (genre de Pierre)

60 — *En route pour le marché.*

Une charrette, chargée et attelée d'un cheval blanc, passe devant une chaumière d'où sort un troupeau de moutons, conduit par le berger.

Venant de la collection de Mme veuve G.-J. Schouten, d'Amsterdam.

Bois. Haut., 29 cent.; larg., 33 cent.

WYNANTS (genre de Jan)

61 — *Le Chemin couvert.*

Au premier plan, un cavalier demandant la route à un paysan; à droite, au deuxième plan, le chemin qui s'enfonce sous bois; au fond, paysage.

Signé à droite sur un madrier.

Toile. Haut. 1 m.; larg., 80 cent.

ZIEM

62 — *Pont en ruine, aux environs de Venise.*

Une barque au delà du pont. Une tour au fond, éclairée par le soleil couchant.

Signé en bas, à gauche.

Bois. Haut., 28 cent.; larg., 40 cent.

ÉCOLE FRANCAISE

63 — *Portrait d'un seigneur portant un habit rouge galonné d'or.*

ECOLE FRANÇAISE

64 — *Portrait de jeune femme accoudée sur une balustrade de pierre.*

Toile ovale. Haut., 78 cent; larg., 62 cent.

ÉCOLE FRANÇAISE

65 — *Portrait de jeune femme.*

Toile. Haut., 80 cent.; larg., 63 cent.

ÉCOLE ITALIENNNE

66 — *Saint Sébastien.*

AQUARELLES ET DESSINS

HOWKINS

67 — *Jeune Fille lisant.*

Aquarelle.

Haut., 35 cent.; larg., 25 cent.

KARL-ROBERT

68 — *Les Bords de la Marne.*

Dessin au fusain.

Haut., 58 cent.; larg., 82 cent.

KARL-ROBERT

69 — *Les Bords de l'Oise.*

Dessin au fusain.

Haut., 63 cent.; larg., 48 cent.

MAESTRI (Michel-Ange)

(DEUX PENDANTS)

70 — *Jupiter et Antiope.*

Vulcain et Pallas.

Gouaches d'après les fresques de Raphaël.

Haut., 32 cent.; larg., 24 cent.

MENGS (Raphael)

71 — *Le Jugement de Salomon.*

Beau dessin à la sépia.

Haut., 33 cent.; larg., 23 cent.

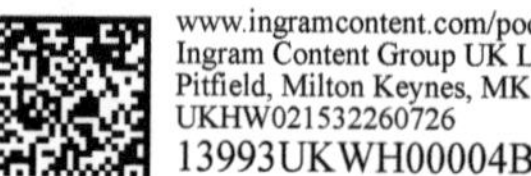

www.ingramcontent.com/pod-product-compliance
Ingram Content Group UK Ltd.
Pitfield, Milton Keynes, MK11 3LW, UK
UKHW021532260726
13993UKWH00004B/1948

9 782329 528083